LES QUATRE FILS AYMONS,

SCÈNES ÉQUESTRES

EN DEUX PARTIES,

Par M. FRANCONY cadet.

Représentée, pour la première fois, au Cirque Olympique de MM. Francony, le 11 avril 1808.

La musique est arrangée par MM. FRANCONY.

A PARIS,

Chez BARBA, Libraire, Palais-Royal, derrière le Théâtre Français, n°. 51.

1808.

PERSONNAGES.	ACTEURS.
CHARLEMAGNE.	M. *Gouriet.*
ROLAND, chef de l'armée de Charlemagne.	M. *Francony c.*
Les quatre fils AYMONS. { Renaud. Allard. Guichard. Richard. }	{ M. *Francony a.* M. *Dominique.* M. *Massé.* M. *Victor.* }
CLAIRE, sœur du roi Yon, et épouse de Renaud.	Mme *Francony j.*
AYMONET, YONNET. } ses deux fils.	{ *Adolp. Franc.* *Emile.* }
BERTELOT, neveu de Charlemagne.	M. *Gougibus a.*
Le duc AYMON, père des quatre fils.	M. *Parisot.*

LES QUATRE FILS AYMONS.

PREMIÈRE PARTIE.

Le théâtre représente le palais de Charlemagne; au milieu est son trône.

SCENE PREMIERE.

Une grande marche se fait entendre, et des chevaliers, barons, et autres personnages illustres se placent auprès du trône de l'Empereur Charlemagne; il paraît accompagné de son généralissime Roland, dont le courage, la sagesse dans le conseil et la grande expérience qu'il possède lui ont mérité l'amitié de Charlemagne.

SCENE II.

Tout à coup l'on voit paraître Berthelot, neveu très-aimé de l'Empereur; il est conduit par deux Barons; il s'avance près du trône de Charlemagne, qui le reçoit avec la plus grande bonté, et lui annonce qu'il va recevoir le Grand Ordre de Chevalier : tout se prépare pour sa réception; lorsqu'il a reçu toutes ses dignités et l'accolade de Charlemagne, on entend un bruit de trompettes et de cors.

SCENE III.

Au même instant on annonce à Charlemagne l'arrivée du duc Aymon, qui lui demande un moment d'audience; sa majesté ordonne qu'on l'introduise; il entre en scène, s'incline respectueusement aux pieds de Charlemagne, qui le relève avec bonté, et lui demande le motif qui l'amène près de lui; le Duc lui explique que ses quatre fils, Renaud, Allard, Richard et Guichard, veulent lui jurer serment de fidélité; mais surtout que Renaud, son aîné, par les belles actions qui l'ont distingué en différentes batailles, lui ont mérité le haut grade de chevalier; l'Empereur, instruit de plusieurs traits de bravoure de Renaud, ne peut lui refuser cette faveur.

SCENE IV.

Charlemagne fait tout disposer pour la réception de Renaud, tous les barons et les chevaliers montrent leur satisfaction, surtout Roland, qui a conçu pour Renaud la plus grande estime. Berthelot seul leur montre son mécontentement et sa jalousie de ce que Charlemagne accorde à Renaud la même faveur qu'à lui; il ose même en faire des reproches à l'Empereur, qui lui ordonne d'être le parrain de Renaud; Berthelot, s'y refuse; Charlemagne lui lance un regard sévère; aussitôt Roland s'apercevant de cet affront pour Renaud, prie l'Empereur de vouloir bien lui accorder la faveur de le présenter. Charlemagne l'accepte avec satisfaction; on préside de suite à la réception de Renaud. Tous les barons et chevaliers donnent l'accolade à Renaud.

SCENE V.

Berthelot seul s'y refuse; Renaud, indigné par cette seconde injure, porte la main sur son épée; Berthelot en fait de même; mais ils sont contenus par Roland et les Barons. Charlemagne, occupé avec le duc Aymon à examiner ses trois autres fils, ne s'aperçoit point du second affront que son neveu fait à Renaud.

SCENE VI.

Charlemagne invite le Duc, ainsi que ses quatre fils, à vouloir rester au tournois qu'il va faire célébrer en l'honneur des nouveaux reçus. Toute la cour se retire.

SCENE VII.

Berthelot, qui étouffait de jalousie, ne pouvant dissimuler sa fureur, se dérobe du tumulte de la cour et reste seul; Roland qui n'a point cessé de l'observer va à lui et lui fait des reproches de sa conduite envers Renaud, et sort.

SCENE VIII.

Berthelot resté seul, se livre à toute l'impétuosité de son mauvais caractère, et jure de se venger d'une manière terrible envers Renaud; il ne peut mieux choisir, pour assouvir sa vengeance, que Donnald son farouche écuyer.

SCENE IX.

Donnald ayant observé son maître pendant toute la réception de Renaud, et ayant vu la haine qu'il lui porte, il se doute bien que son ministère lui est nécssaire, et se présente à lui. Berthelot lui fait part du projet qu'il a de le faire servir à la destruction de Renaud; le perfide écuyer l'approuve, et lui promet qu'il en sera bientôt débarrassé; ils aperçoivent Renaud qui s'approche; ils se retirent en indiquant qu'ils reparaîtront sitôt qu'il en sera tems.

SCENE X.

Renaud, n'ayant point aperçu Berthelot et désirant lui faire des reproches de sa conduite envers lui, le cherche partout le palais de Charlemagne.

SCENE XI.

Berthelot et Donnald paraissent menacer Renaud; mais Roland caché, qui n'a cessé d'observer l'action déloyale de Berthelot, promet de l'en punir, et de faire échouer ses odieux projets; Renaud se retourne et aperçoit Berthelot.

SCENE XII.

Renaud va droit à lui et lui demande un moment d'entretien ; Barthelot lui jette un regard méprisant, et veut sortir; Renaud indigné s'arrête et saisit vigoureusement par le bras le perfide Berthelot.

SCENE XIII.

Au même instant le farouche Donnald, avec trois de ses affidés, fondent sur Renaud pour le percer de coups, mais Roland, qui n'a cessé de veiller sur Renaud, perce de son épée le farouche écuyer de Berthelot, et met en fuite ceux qui l'accompagnent.

SCENE XIV.

Renaud, indigné de cette lâche trahison, fond, l'épée à la main, sur Berthelot; tous deux font une vigoureuse résistance, et après un combat très-opiniâtre, Berthelot reçoit le prix de sa déloyauté.

SCENE XV.

Roland entre, apercevant le corps de Berthelot, témoigne sa crainte pour Renaud, et lui dit que Charlemagne ne lui pardonnera jamais la mort de son neveu.

SCENE XVI.

Deux barons ayant été attirés par le bruit des armes, arrivent ; Roland les apercevant, se dérobe à leurs vues. Les barons, voyant le corps du neveu de l'Empereur, menacent

Renaud de toute la colère du monarque, et sortent pour l'instruire de cet événement.

SCENE XVII.

Les trois frères de Renaud arrivent, effrayés de ce qu'ils viennent d'apprendre, disent qu'il faut fuir pour éviter la colère de Charlemagne; Renaud leur répond qu'il n'a rien à craindre, qu'en frappant Berthelot, il a puni un chevalier déloyal.

SCENE XVIII.

Roland entre, il presse Renaud de fuir avec ses frères, et l'assure que tout est prêt pour favoriser leur évasion. Renaud pensant à sa chère Claire, son épouse, et à ses enfans, se laisse entraîner.

SCENE XIX.

A peine sont ils sortis que Charlemagne, accompagné du duc Aymon et de toute sa cour arrive, il frémit d'horreur en apercevant le corps de son neveu, et jure de faire périr le meurtrier Berthelot : toute la cour partage son ressentiment, et fait des reproches au duc Aymon de la conduite de ses fils; celui-ci indigné, promet à Charlemagne de ne donner aucun secours à ce fils; l'Empereur ordonne à ses gens d'aller à la poursuite des fugitifs.

SCENE XX.

Roland entre, arrête les troupes, et dit à Charlemagne que les quatre fils Aymons, montés sur leur vaillant coursier, ont pris la fuite, de manière qu'il serait impossible de les attrapper ; Charlemagne devient encore plus furieux et jure de les poursuivre jusque dans leur châteaux de Montauban, et ordonne à tous ses barons et chevaliers de rassembler leurs Troupes, pour aller en faire le siège, et que lui-même se mettra à leur tête, et ils sortent. Roland béni le ciel de les avoir soustraits à la fureur de Charlemagne.

Le théâtre change et représente une forêt.

SCENE XXI.

Claire, inquiète de l'absence de son époux, se promène dans la forêt, accompagnée de ses enfans et de deux dames d'honneur.

SCENE XXII.

Un grand bruit se fait entendre, les quatre frères arrivent, leurs coursiers écumans d'impétuosité, Renaud se jette dans les bras de son épouse et de ses enfans. Une marche guerrière se fait entendre, Allard, Richard et Guichard, sortent pour voir ce que ce peut-être. Ils viennent annoncer à Renaud que ce sont les détachement de Charlemagne qui sont à leur poursuite.

SCENE XXIII.

Au même instant Roland arrive avec deux de ses écuyers, Renaud l'apercevant, va au-devant de lui; Roland dit que Charlemagne va les assiéger dans leur château; Renaud le prie de lui faire parler à l'Empereur, Roland craignant que Charlemagne ne puisse se contenir à sa vue, n'ose lui promettre cette satisfaction ; Renaud et ses frères renouvellent leurs instances et Roland se rend à leur désir.

Renaud le prie de lui faire parler à l'Empereur ; Roland de lui promet.

SCENE XXIV.

Charlemagne arrive, Roland lui montre Renaud, qui se jette aussitôt, ainsi que ses trois frères, aux genoux de l'Empereur, et le supplie de leur accorder la paix. Charlemagne, à qui la mort de son neveu Berthelot, tué par Renaud qui en avait été insulté grièvement et sans raison, est toujours présente, leur lance un coup-d'œil d'indignation et s'éloigne. Les quatre fils Aymons font les plus vives instances pour rentrer dans ses bonnes graces. L'Empereur persistant dans son ressentiment, porte tout-à-coup la main à son épée ; mais Roland l'arrête, et lui faisant observer que Renaud, ainsi que ces trois frères, étant sans armes, ce serait agir contre les lois de la chevalerie.

Alors Renaud s'approche de l'Empereur, et après l'avoir salué respectueusement, il lui dit que puisqu'il refuse de lui accorder son pardon, il va avec ses frères se préparer à se défendre en braves chevaliers.

Roland s'intéresse encore en leur faveur auprès de Charlemagne qui ne veut rien entendre.

SCENE XXV.

Comme Renaud et ses frères sont sur le point de sortir, Claire vient se jeter aux genoux de Charlemagne, et le supplier de faire grace à son époux. L'Empereur détonrne les yeux, en lui disant que rien ne sera capable de le fléchir.

Renaud, indigné de cette acte de mépris, relève son épouse qu'il fait passer entre ses frères et lui, et sort en assurant l'Empereur qu'ils sauront se défendre courageusement.

SCENE XXVI.

Charlemagne fait défiler devant lui son armée qui exécute différentes évolutions; après quoi elle continue sa marche du côté du château de Montauban.

Fin de la première Partie.

SECONDE PARTIE.

Le théâtre représente dans l'enfoncement le château de Montauban, avec un pont qui y communique.

Sur un des côtés, on aperçoit le tentes de l'Empereur et celles de Roland.

SCENE PREMIERE.

On voit Renaud, sa femme et ses enfans, suivis de Guichard, Allard et Richard, traverser le pont qui conduit au château, dont on lève ensuite les pont-levis, et on ferme les portes.

SCENE II.

On pose des sentinelles au-devant des tentes.

Charlemagne et Roland sortent pour examiner la place. Peu-à-peu on les perd de vue.

SCENE III.

Renaud et ses trois frères sortent du château avec précaution, et viennent fondre sur l'ennemi.

Renaud s'empare de l'escarboucle surmonté d'une boule d'or, qui couronne la tente de Charlemagne, et Richard du Dragon d'argent qui est au sommet de celle de Roland. (*La trompette sonne.*)

Un détachement se met à la poursuite des quatre fils Aymons, qui, après l'avoir repoussé, rentrent dans leur château, et placent au haut de la tour l'Escarboucle de Charlemagne, et sur le parapet, le Dragon de Roland.

SCENE IV.

L'Empereur et Roland rentrent dans le camp et examine le plan de la place.

L'officier qui commandait le détachement s'approche, et leur montre l'Aigle et l'Escarboucle que les quatre fils Aymons viennent d'enlever, et qu'ils ont placés au haut des murs du château.

Charlemagne en devient furieux.

Roland entre dans sa tente, et revient, un cartel à la main, par lequel il défie Renaud en combat singulier et a outrance. Il le fait voir à l'Empereur qui l'approuve.

On fait venir un Trompette. Roland lui remet le cartel pour le porter à Renaud.

Le trompette part, on baisse le pont-levis, et on le fait entrer dans le château.

SCENE V.

On place, dans l'endroit le plus élevé, le trône de l'Empereur.

Un officier fait avancer un détachement de soldats qui se rangent sur une ligne au-devant des tentes.

SCENE VI.

Le trompette revient, et rend à Roland la réponse de Renaud, par laquelle il accepte le défi.

Roland en avertit l'Empereur, et le conduit sur son trône, après quoi il rentre dans sa tente pour se préparer au combat.

SCENE VII.

Renaud à cheval, suivi de ses trois frères et d'une troupe de soldats, descendent en bon ordre du château.

SCENE VIII.

Roland, monté sur son cheval, et la lance en arrêt, paraît, et se range à côté de l'Empereur.

SCENE IX.

Renaud, ses trois frères et leur troupe défilent devant l'Empereur, et se rangent ensuite sur le côté opposé à celui des troupes de Charlemagne. *(On donne le signal.)* Roland et Renaud saluent l'Empereur, après quoi ils entrent en lice, et combattent à la lance.

Aussi forts l'un que l'autre, ils quittent la lance pour prendre le sabre; mais voyant que l'avantage est égal, ils descendent de cheval, et se disposent à se battre à pied, le sabre d'une main et le poignard de l'autre.

Après un combat vif et opiniâtre, Charlemagne, commençant à craindre pour Roland, se lève et ordonne aux deux champions de se séparer. Ils obéissent, et se retirent chacun de son côté.

L'Empereur donne le signal, et il se livre un combat entre les troupes de Charlemagne et celles des quatre fils Aymons.

Après s'être mutuellement attaqués et repoussés, la troupe de Renaud met en fuite celle de Roland.

L'instant d'après, celle de Renaud est mise en déroute. Les quatre fils Aymons battent en retraite, et sont bientôt environnés par les soldats de Roland. Ils soutiennent vigoureusement le choc adossés l'un contre l'autre, se font jour à travers l'ennemi, et se retirent. On les poursuit.

SCENE X.

Charlemagne paraît. Roland revient et lui présente Renaud qu'il a fait prisonnier.

L'Empereur, charmé de pouvoir enfin assouvir pleinement sa vengeance sur Renaud, fait assembler les Barons pour tenir un conseil de guerre.

SCENE XI.

Les Barons s'assemblent.

Renaud, debout et désarmé, attend, d'un air tranquille, sa sentence.

Roland supplie instamment l'Empereur de lui faire grace ; mais envain. Alors il refuse d'assister au conseil et se retire.

SCENE XII.

On rassemble les voix, et Renaud est condamné à avoir la tête tranchée (1).

On le charge de chaînes. Tableau.

SCENE XIII.

On fait défiler un corps de troupes Impériales.

Renaud, enchaîné et conduit par des gardes, s'avance à pas lents, et la tête baissé, il paraît plongée dans une profonde et morne rêverie. Il lève enfin les yeux, les fixe un instant avec effroi sur l'échafaud, et témoigne, en les détournant, toute l'horreur dont il est saisi.

SCENE XIV.

Roland sort de la tente de Charlemagne, qu'il vient encore de solliter vainement en faveur de son prisonnier.

Renaud l'aperçoit, lui tend affectueusement la main pour lui témoigner qu'il meurt sans conserver aucun ressentement contre lui ; et après s'être plaint un instant de l'inflexibilité de l'Empereur, et de la rigueur de son sort, il marche tranquillement à l'échafaud.

SCENE XV.

Un bruit confus se fait entendre dans le

---

(1) Selon mon historien bleu, ce fut Richard qui fut condamné à être pendu. Un des barons de l'armée de Charlemagne commençait à l'accrocher lorsqu'il fut délivré par Renaud.

château. On baisse le pont-levis, et Claire éplorée, sort et accourt vers son mari. Roland en averti l'Empereur.

SCENE XVI.

Il sort de sa tente, et Claire, fondant en larmes, se jette à ses pieds, et le supplie, de la manière la plus touchante, de lui accorder la grace de son époux.

SCENE XVII.

A l'instant même, les trois frères de Renaud, à la tête d'un corps de troupes, paraissent au haut des murs, prêts à s'opposer à ce que l'on voudrait entreprendre contre lui.

Cette vue redouble la colère de l'Empereur. Il ordonne que l'on arrête Claire. Elle court se précipiter dans les bras de Renaud. On l'en arrache, et on les conduit tous deux dans le camp.

SCENE XVIII.

Dans le moment, Richard, Allard et Guichard fondent impétueusement sur les troupes de l'Empereur, qu'ils mettent d'abord en fuite; mais ils sont ensuite repoussés. Ils se rallient et pénètrent jusques dans le camp, où ils parviennent enfin à délivrer Renaud et sa femme.

Comme ils sont sur le point de rentrer tous ensemble dans le château, un corps de troupes ennemies les sépare, et Renaud perd de vue, dans la mêlée, son épouse, que l'on ramène dans le camp. Combat entre les quatre fils Aymons et Roland et ses gens.

On voit bientôt après passer le pont, et entrer dans le château les quatre fils Aymons, montés tous quatre sur le cheval Bayard.

SCENE XIX.

Charlemagne fait tout disposer pour livrer l'assaut.

On apporte des torches et des cerceaux couverts de bithume, que l'on lance tout enflammés, pendant l'attaque, sur le château qui prend feu de tems en tems.

Charlemagne donne ordre à Roland d'aller s'emparer du pont.

SCENE XX.

Renaud, suivi de quelques guerriers, paraît à l'entrée du pont pour en disputer le passage.

Pendant ce tems, il s'engage un combat très-vif sur le pont. Renaud fait prisonnier Roland, précipite du haut du pont dans les fossés quantités de soldats, et parvient à mettre en fuite le reste.

Les troupes de l'Empereur se retirent.

On relève les ponts-levis, et Renaud, ses trois frères et Roland désarmés, rentrent dans le château.

SCENE XXI.

On vient annoncer à Charlemagne que Roland est fait prisonnier de guerre, et que Renaud est délivré.

A cette nouvelle il devient furieux ; et ne pouvant plus satisfaire sa vengeance sur Renaud, il ordonne qu'à l'instant même, Claire, son épouse, soit conduite en sa place à l'échafaud.

L'Empereur rentre dans sa tente.

SCENE XXII.

On amène Claire, les cheveux en désordre et enchaînée.

Elle jette tristement les yeux sur les murs du château, et leur dit un éternel adieu ; mais ne pouvant soutenir plus long-tems une situation aussi cruelle, elle détourne les yeux, se les couvre d'un mouchoir, et suit les gardes qui la conduisent à la mort.

L'Empereur paraît.

Claire se met à genoux, et un Baron s'approche pour frapper au signal que lui en donnera l'Empereur.

On entend au loin un bruit confus.

SCENE XXIII ET DERNIERE.

Charlemagne tourne les yeux et aperçoit sur les murs du château Renaud qui, tout hors de lui, y tient également Roland enchaîné, en disant à l'Empereur : *si vous frappez, Roland meurt.*

A cet aspect, Charlemagne, transporté de fureur, ordonne à son officier de frapper.

Le Baron tire le sabre et lève le bras. Au même instant, Renaud, ne se possédant plus, tire l'épée et en porte la pointe sur l'estomac de Roland.

L'Empereur partagé entre la crainte de perdre son neveu et le désir de se venger de Renaud par la mort de Claire, hésite un instant sur le parti qu'il prendra. Mais son amitié pour Roland, jointe à l'estime qu'il a pour la valeur et l'intrépidité de ce brave officier, l'emportant bientôt sur toute autre considétion, il accorde la grace à Claire et donne le signal de paix à Renaud.

Renaud, dans le plus vif transport de la joie, jette son épée et embrasse Roland avec la franchise d'un brave guerrier, qui ne se portait à une action aussi cruelle, que par un motif bien pardonnable dans un homme qui chérit tendrement son épouse, et qu'il est sur le point de voir massacrer à ses yeux.

On rend à Roland ses armes.

Les troupes Impériales qui environnaient le château se retirent.

Pendant ce tems, Renaud, ses trois frères, ses deux fils et Roland descendent et viennent se jeter aux genoux de l'Empereur.

Les deux enfans courent dans les bras de leur mère.

Charlemagne les reçoit tous avec bonté, pardonne aux quatre fils Aymons, et témoigne à Roland le plaisir qu'il a de le revoir.

Renaud se précipite dans les bras de Claire, dont il ne s'arrache que pour supplier l'Empereur de venir se reposer au château; il y consent.

FIN.

www.ingramcontent.com/pod-product-compliance
Lightning Source LLC
Chambersburg PA
CBHW070428080426
42450CB00030B/1832